BEI GRIN MACHT SICH IHR WISSEN BEZAHLT

- Wir veröffentlichen Ihre Hausarbeit,
  Bachelor- und Masterarbeit

- Ihr eigenes eBook und Buch -
  weltweit in allen wichtigen Shops

- Verdienen Sie an jedem Verkauf

Jetzt bei www.GRIN.com hochladen und kostenlos publizieren

Bibliografische Information der Deutschen Nationalbibliothek:

Die Deutsche Bibliothek verzeichnet diese Publikation in der Deutschen National-
bibliografie; detaillierte bibliografische Daten sind im Internet über http://dnb.d-
nb.de/ abrufbar.

Dieses Werk sowie alle darin enthaltenen einzelnen Beiträge und Abbildungen
sind urheberrechtlich geschützt. Jede Verwertung, die nicht ausdrücklich vom
Urheberrechtsschutz zugelassen ist, bedarf der vorherigen Zustimmung des Verla-
ges. Das gilt insbesondere für Vervielfältigungen, Bearbeitungen, Übersetzungen,
Mikroverfilmungen, Auswertungen durch Datenbanken und für die Einspeicherung
und Verarbeitung in elektronische Systeme. Alle Rechte, auch die des auszugsweisen
Nachdrucks, der fotomechanischen Wiedergabe (einschließlich Mikrokopie) sowie
der Auswertung durch Datenbanken oder ähnliche Einrichtungen, vorbehalten.

Impressum:

Copyright © 2018 GRIN Verlag
Druck und Bindung: Books on Demand GmbH, Norderstedt Germany
ISBN: 9783668960732

Dieses Buch bei GRIN:

https://www.grin.com/document/477172

Alisa Schäfers

Mesozyklusplanung für eine 48-jährige Kundin

GRIN Verlag

Deutsche Hochschule für
Prävention und Gesundheitsmanagement
Hermann Neuberger Sportschule 3
66123 Saarbrücken

Einsendeaufgabe

Fachmodul:	Trainingslehre 2
Studiengang:	Bachelor Gesundheitsmanagement
Datum Präsenzphase:	26.11.2018 – 28.11.2018
Name, Vorname:	Schäfers, Alisa
Studienort:	**Düsseldorf**
Semester:	**Wintersemester 2017**

Inhaltsverzeichnis

1 Diagnose

1.1 Allgemeine und biometrische Daten der Kundin

Tab. 1: Allgemeine und biometrische Daten der Kundin (Eigene Darstellung)

Parameter	Wert	Bewertung
Alter	48 Jahre	Erwachsen
Geschlecht	weiblich	
Körpergröße	172 cm	
Körpergewicht	88 kg	
Trainingsmotive	Gewichtsreduktion Fettverbrennung	Langfristiges Ziel: Gewichtsreduktion 16kg
	Verbesserung der körperlichen Leistungsfähigkeit	Kundin fühlt sich leistungsschwach, körperlich und sportlich nicht fit
	Abbau Stress	Verspannungen im Nackenbereich
Berufliche Tätigkeit	Bürokauffrau	Sitzende Tätigkeit
Frühere sportliche Aktivitäten	Gelegentliches Joggen und Schwimmen (2x pro Woche)	Kategorie: Untrainiert – Anfänger
Aktuelle sportliche Aktivitäten	Keine Aktivitäten	
Leistungsstufe	Ausdauertraining - Einsteiger	
Zeitlicher Verfügungsrahmen	3x pro Woche ca. 60-90 Minuten	
Blutdruck	133/84 mmHg	Normwert: 120/80 mmHg – 129/84 mmHg Kategorie: Hochnormal
Ruhepuls	77 Schläge/Minute	Normwert: 60-80 Schläge/ Minute Kategorie: liegt in der Norm
Taillenumfang	90 cm	THQ: Untergewicht < 0,8
Hüftumfang	105 cm	Normalgewicht 0,8-0,84
		Übergewicht > 0,85
		Kategorie: Leicht erhöhtes Gesund-
THQ (Frauen)	0,85	heitsrisiko
BMI (Body-Mass-Index)	29,7 kg/m²	Normwert: 18,5-24,9 kg/m² Kategorie: Übergewicht – Präadipositas
Allgemeiner Gesundheitszustand	Untrainiert, fühlt sich leistungs- schwach, körperlich und sportlich nicht fit Rückenschmerzen/ Verspannungen im Nacken	Keine Einschränkungen und gute Vor- aussetzungen bezüglich Belastbarkeit/ Trainierbarkeit („low-back-pain")
Gesundheitliche Einschränkungen	Keine gesundheitlichen Einschränkungen vorhanden	

Der Blutdruck der Kundin beträgt 133/84 mmHg. Der diastolische Wert liegt in der Kategorie Normal, der systolische Wert des Blutdrucks liegt in der Kategorie Hochnormal. Die Blutdruckklassifikation geht aus der nachfolgenden Tabelle hervor.

Tab. 2: Blutdruckklassifikation der American Heart Association (modifiziert nach Mancia et al, 2013)

Kategorie	Blutdruck systolisch	Blutdruck diastolisch
Normotonie		
Optimal	< 120 mmHg	< 80 mmHg
Normal	120 – 129 mmHg	80 – 84 mmHg
Hochnormal	130 – 139 mmHg	85 – 89 mmHg
Arterielle Hypertonie		
Grad 1	140 – 159 mmHg	90 – 99 mmHg
Grad 2	160 – 179 mmHg	100 – 109 mmHg
Grad 3	> 180 mmHg	> 110 mmHg

Der Ruhepuls dient als wichtiger Indikator zur Beurteilung des aktuellen Leistungszustandes der Kundin. Der Normbereich liegt bei 60-80 Schlägen pro Minute (Israel et al, 2012). Damit liegt die Kundin, mit einem Ruhepuls von 77 Schlägen pro Minute, in der Norm. Der Body-Mass-Index (BMI) wird über die Relation zwischen Körpergewicht und Körpergröße der Kundin ermittelt. Dieser liegt bei 29,7 kg/m², welcher der Kategorie Übergewicht – Präadipositas zugeordnet werden kann. Die Risikofaktoren von Begleiterkrankungen des Übergewichts sind bei der Kundin gering erhöht. Die Gewichtsklassifikation kann aus der nachfolgenden Tabelle entnommen werden.

Tab. 3: Gewichtsklassifikation Erwachsener anhand des BMI (modifiziert nach WHO, 2000)

Kategorie	BMI	Risikofaktoren von Begleiterkrankungen des Übergewichts
Untergewicht	< 18,5 kg/m²	Niedrig
Normalgewicht	18,5 – 24,9 kg/m²	Durchschnittlich
Übergewicht	> 25 kg/m²	-
Präadipositas	25 – 29,9 kg/m²	Gering Erhöht
Adipositas:		
Grad 1	30 – 34,9 kg/m²	Erhöht
Grad 2	35 – 39,9 kg/m²	Hoch
Grad 3	> 40 kg/m²	Sehr Hoch

Der Taillen-Hüft-Quotient (THQ) wird aus dem Taillen- und Hüftumfang berechnet, welcher dementsprechend 0,85 beträgt. Das Gesundheitsrisiko der Kundin wird als leicht erhöht eingestuft.

1.2 Leistungsdiagnostik/ Ausdauertestung

Als Ausdauerleistungstest wurde der WHO-Test durchgeführt, um die körperliche Belastbarkeit bzw. Leistungsfähigkeit der Kundin zu bestimmen. Die Leistung der Kundin im Ausdauertraining wird als Anfängerin/Einsteiger eingestuft, wodurch sich dieses Testverfahren besonders gut zur Leistungsdiagnostik eignet. Die Kundin weist kaum Erfahrungen bezüglich des Ausdauertrainings auf, fühlt sich körperlich sowie auch leistungsfähig nicht sonderlich fit. Der Belastungstest bietet sich gerade für leistungsschwache sowie untrainierte Frauen an, welches dem Profil der Kundin entspricht. Es sind keine gesundheitlichen Einschränkungen vorhanden, wodurch gute Voraussetzungen für die Trainierbarkeit bzw. Belastbarkeit bestehen. Jedoch wird im Hinblick auf das Leistungsprofil der Kundin eine durchschnittliche bis mäßige Belastbarkeit erwartet, wodurch sich der WHO-Test als optimalste Lösung anbietet. Es handelt sich um einen submaximalen Fahrradergometertest, welcher eine maximale Belastung der Kundin ausschließt. Des Weiteren sprechen der geringe Zeitaufwand und die einfache Durchführung für den Test, da in kurzer Zeit ein effizienter Einblick über den aktuellen Leistungsstand der Kundin vollzogen wird. Die Ergebnisse der Leistungsdiagnostik ermöglichen eine Beurteilung über die kardiovaskuläre Leistungsfähigkeit sowie eine Analyse für die Planung individueller Trainingspläne. Die Belastungsintensität kann aufgrund der erbrachten Leistung im Test durch Normwerte ermittelt werden. Diese wird zur Errechnung der idealen Trainingspulsfrequenz der Kundin genutzt, um die Intensität im Training im richtigen Bereich zu halten. Hinzu kommt der intraindividuelle sowie interindividuelle Leistungsvergleich bezüglich der Durchführung von Re-Tests.

Tab. 4: Testprotokoll der Kundin nach WHO (Eigene Darstellung)

Name, Vorname: xxxxxxxx, xxxxx		Geschlecht: weiblich	Alter: 48 Jahre
Testform: WHO ✓ Submaximal	Belastungssteigerung: 25 Watt	Pulsobergrenze: 135 S/min - nach IPN 132 S/min - nach WHO	Gewicht: 88 kg
Eingangsbelastung: 25 Watt	Trittfrequenz: 60-80 U/min	Abbruchgrenze: 141 S/min	Ruhepuls: 77 S/min
Stufendauer: 2 min	Pulsobergrenze: 132 S/min	Anmerkungen: Kein Pulsaufschlag, da Anfänger/Einsteiger	Blutdruck: 133/84 mmHg
Fahrradergometertest			
Eingangstest		Datum: 30.11.2018	
Zeit	Watt	Herzfrequenz 1 (S/min)	Herzfrequenz 2 (S/min)
0 – 2 Minuten	25	85	93
2 – 4 Minuten	50	98	103
4 – 6 Minuten	75	106	116
6 – 8 Minuten	100	118	129
8 – 10 Minuten	125	135	141
Watt gesamt	105 Watt		
Watt/kg	1,20		
Bewertung n. Normta-belle	☹		

Die Kundin absolviert auf dem Fahrradergometer einen pulsgesteuerten Stufen-Belastungstest. Der Test startet mit einer Eingangsbelastung von 25 Watt, wobei die Belastung alle 2 Minuten um 25 Watt gesteigert wird. Aus den Parametern Geschlecht, Alter, Ruhepuls sowie körperliches Aktivitätslevel wird für die Kundin eine individuelle Zielherzfrequenz nach IPN bestimmt. Diese beträgt 135 S/min, welche gleichzeitig als Kriterium zum Abbruch des Tests dienen kann. Im Test konnte die Kundin vier Belastungsstufen vollständig absolvieren. Auf der fünften Belastungsstufe, mit einer Belastungsintensität von 125 Watt, hat sie nach einer Minute (9.Minute) die definierte Pulsobergrenze von 135 S/min erreicht. Der Test wurde in der zehnten Minute bei 125 Watt und einem Puls von 141 S/min beendet. Als Ergebnis lässt sich eine Gesamtleistung von 105 Watt feststellen. Die Ist-Leistung der Kundin beträgt 1,20 (Watt/kg). Werden die

Ist-Werte mit der Normwerttabelle für Frauen nach IPN verglichen, ergibt sich eine unterdurchschnittliche kardiovaskuläre Leistungsfähigkeit (☹).

1.3 Gesundheits- und Leistungsstatus der Kundin

In Bezug auf den Gesundheits- und Leistungsstatus der Kundin lässt sich feststellen, dass diese als Anfängerin bzw. Einsteigerin im Ausdauertraining eingestuft werden kann. Da sie bisher kaum Erfahrungen im Bereich Sport und Gesundheit gesammelt hat, ist ihr allgemeiner Gesundheitszustand untrainiert. Im WHO-Test hat sich gezeigt, dass in der Planung ein besonderer Fokus auf die Grundlagenausdauer gerichtet werden sollte. Es sind keinerlei gesundheitliche Einschränkungen nachweisbar, wodurch es keine Einschränkungen bezüglich ihrer Belastbarkeit gibt. Als Trainingsbeginnerin ist dies eine gute Voraussetzung zur Trainierbarkeit. Die biometrischen Daten der Kundin zeigen jedoch, dass sie einen eher schlechten Leistungsstand hat. Ihr eigenes Gefühl über ihren Gesundheitsstatus zeigt, dass sie sich selbst nicht sonderlich fit und leistungsstark fühlt. Aufgrund ihres Berufes als Bürokauffrau, der ständig sitzenden Tätigkeit, machen sich bisher lediglich Verspannungen im Nackenbereich bemerkbar. Allgemein lässt sich sagen, dass ein Ausdauertraining sehr positive Effekte (Blutdruck, Ruhepuls, Gewicht etc.) auf die Trainierbarkeit und Belastbarkeit der Kundin haben wird.

2   Zielsetzung/ Prognose

Tab. 5: Zielsetzung/Prognose für die Kundin (Eigene Darstellung)

Ziel	Inhalt	Ausmaß	Zeit
1	Absenkung der Ruheherzfrequenz	Zwischenziel: 0,5 S/min pro Woche Hauptziel: 6 S/min	12 Wochen
2	Stressabbau (Skala 1-10, wobei 10 sehr stark ist und 1 leicht)	Hauptziel: Von Stufe 7 auf 3 Zwischenziel: 5	12 Wochen 6 Wochen
3	Aufbau Grundlagenausdauer (GA1)	Aufbau Grundlagenaus- dauer 1 (60-70% Hf_{max})	6 Monate

Das erste Ziel der Kundin ist die Absenkung der Ruheherzfrequenz. In 12 Wochen soll die Ruhepulsfrequenz von 77 S/min auf 71 S/min gesenkt werden. Der Ruhepuls ist ein Zeichen für die kardiovaskuläre Leistungsfähigkeit. Der Wert der Ruheherzfrequenz der Kundin liegt zwar noch in der Norm, sollte jedoch verringert werden. Durch eine Absenkung des Ruhepulses erfahren der Sauerstoffverbrauch des Herzmuskels sowie die Belastungsintensität im Ausdauertraining positive Effekte.

Ein weiteres Ziel ist der Abbau von Stress, um die Nackenverspannungen zu verringern und für mehr Entspannung im Arbeitsalltag zu sorgen. Da der Faktor Stress nicht an Normwerten gemessen werden kann wird für die Beurteilung die BORG-Skala genutzt. Die Kundin beurteilt ihr Stresslevel auf einer Skala von 1 bis 10, wobei 10 ein sehr erhöhtes Stresslevel bedeutet. Das Hauptziel ist, dass die Kundin durch ein effektives Ausdauertraining von Stufe 7 (Ist-Stand) auf Stufe 3 (Soll-Stand) in 12 Wochen gelangt. Weitere positive Effekte den Stress zu reduzieren ist die Verspannungen im Nackenbereich ebenfalls zu lösen. Auch hat die Reduzierung von Stress einen positiven Effekt auf die Senkung der Ruheherzfrequenz.

Als letztes Ziel wird an dem Aufbau der Grundlagenausdauer (GA1) innerhalb von 6 Monaten gearbeitet. Die Grundlagenausdauer dient als Fundament für alle sportlichen Aktivitäten. Die Grundlagenausdauer wird durch die Trainingsmethode der extensiven Dauermethode durchgeführt, welche an bzw. unter der anaeroben Schwelle liegt. Gerade für Trainingsbeginner und leistungsschwache Personen ein optimaler Einstieg ins Ausdauertraining. Durch den Aufbau der Grundlagenausdauer erfährt die Kundin viele positive Anpassungen. Die Blutfettwerte, der Fettstoffwechsel sowie die Ökonomisierung des Herz-Kreislauf-Systems verbessern sich. Des Weiteren verringert sich die Ruheherzfrequenz, die Regeneration und das Immunsystem werden gefördert und gestärkt.

3 Trainingsplanung Mesozyklus

3.1 Grobplanung Mesozyklus

Tab. 6: Grobplanung Mesozyklus (Eigene Darstellung)

Grobplanung Mesozyklus	
Mesozyklus 1: 6 Wochen	
Trainingsziele	Aufbau, Entwicklung und Stabilisierung der Grundlagenausdauer (GA1)
Wöchentlicher Gesamttrainingsumfang	60 - 90 Minuten
Trainingshäufigkeit pro Woche	3
Trainingsmethoden	Extensive Dauermethode
Intensität von HF_{Max} bzw. $Hf_{Reserve}$	60 – 70% HF_{Max} bzw. 45 – 60% $HF_{Reserve}$
Dauer pro Trainingseinheit	15 – 30 Minuten
Trainingsgeräte	Laufband (Walking) Fahrrad Crosstrainer

3.2 Detailplanung Mesozyklus

Die optimale Trainingsherzfrequenz wird auf Grundlage der IPN-Formel (KARVO-NEN-Formel) berechnet.

Tab. 7: Berechnung der optimalen Trainingsherzfrequenz, 0,55% HfMax (Eigene Darstellung)

HF_{Ruhe} = 77 S/min	
HF_{Max} = 220 – 48 Jahre = 172 S/min	
$HF_{Reserve}$ = 95 S/min	
THf (Fahrrad/Ruderergometer) [(220 – LA) – HF_{Ruhe}] x Bf + Hf_{Ruhe}	THf (Fahrrad) [(220 – 48) – 77] x 0,55 + 77 = 129,25 Pulsobergrenze: 129 S/min
THf (Corsstrainer/Laufband/Stepper) [(220 – ¾ LA) – HF_{Ruhe}] x Bf + HF_{Ruhe}	THf (Crosstrainer/Laufband/Stepper) [(220 – 36) – 77] x 0,55 + 77 = 135,85 Pulsobergrenze: 136 S/min

Tab. 8: Detailplanung Mesozyklus (Eigene Darstellung)

Mesozyklusplanung		
Anzahl der Trainingseinheiten: 2-3 Einheiten pro Woche		
Wöchentlicher Trainingsumfang (in Minuten):		
Wo.1 & Wo.2: 60		
Wo.3: 60 Wo.4: 70 Wo.5: 80 Wo.6: 90		
Woche 1 & Woche 2: Einführungswoche		
Woche 1	**Montag**	**Freitag**
Trainingsziel	GA1	GA1
Trainingsmethode	Extensive Dauermethode	Extensive Dauermethode
Trainingsintensität von HF$_{Max}$	60 – 65% HF$_{Max}$	60 – 65% HF$_{Max}$
Trainingsherzfrequenz	134 – 139 S/min	134 – 139 S/min
Trainingsdauer	30 Minuten	30 Minuten
Trainingsgerät	Fahrrad	Fahrrad
Woche 2	**Montag**	**Freitag**
Trainingsziel	GA1	GA1
Trainingsmethode	Extensive Dauermethode	Extensive Dauermethode
Trainingsintensität von HF$_{Max}$	60 – 65% HF$_{Max}$	60 – 65% HF$_{Max}$
Trainingsherzfrequenz	141 – 147 S/min	141 – 147 S/min
Trainingsdauer	30 Minuten	30 Minuten
Trainingsgerät	Crosstrainer	Laufband (Walking)

Woche 3	**Montag**	**Mittwoch**	**Freitag**
Trainingsziel	GA1	GA1	GA1
Trainingsmethode	Extensive Dauermethode	Extensive Dauermethode	Extensive Dauermethode
Trainingsintensität von HF$_{Max}$	60 – 65% HF$_{Max}$	60 – 65% HF$_{Max}$	60 – 65% HF$_{Max}$
Trainingsherzfrequenz	134 – 139 S/min	141 – 147 S/min	141 – 147 S/min
Trainingsdauer	20 Minuten	20 Minuten	20 Minuten
Trainingsgerät	Fahrrad	Crosstrainer	Laufband(Walking)
Woche 4	**Montag**	**Mittwoch**	**Freitag**
Trainingsziel	GA1	GA1	GA1
Trainingsmethode	Extensive Dauermethode	Extensive Dauermethode	Extensive Dauermethode
Trainingsintensität von HF$_{Max}$	60 – 65% HF$_{Max}$	60 – 65% HF$_{Max}$	65 – 70% HF$_{Max}$
Trainingsherzfrequenz	134 – 139 S/min	141 – 147 S/min	147 – 152 S/min
Trainingsdauer	30 Minuten	25 Minuten	15 Minuten
Trainingsgerät	Fahrrad	Laufband(Walking)	Crosstrainer

Woche 5	Montag	Mittwoch	Freitag
Trainingsziel	GA1	GA1	GA1
Trainingsmethode	Extensive Dauermethode	Extensive Dauermethode	Extensive Dauermethode
Trainingsintensität von HF_{Max}	60 – 65% HF_{Max}	65 – 70% HF_{Max}	65 – 70% HF_{Max}
Trainingsherzfrequenz	141 – 147 S/min	147 – 152 S/min	139 – 144 S/min
Trainingsdauer	30 Minuten	30 Minuten	20 Minuten
Trainingsgerät	Laufband(Walking)	Crosstrainer	Fahrrad
Woche 6	Montag	Mittwoch	Freitag
Trainingsziel	GA1	GA1	GA1
Trainingsmethode	Extensive Dauermethode	Extensive Dauermethode	Extensive Dauermethode
Trainingsintensität von HF_{Max}	65 – 70% HF_{Max}	65 – 70% HF_{Max}	65 – 70% HF_{Max}
Trainingsherzfrequenz	147 – 152 S/min	139 – 144 S/min	147 – 152 S/min
Trainingsdauer	30 Minuten	30 Minuten	30 Minuten
Trainingsgerät	Crosstrainer	Fahrrad	Laufband(Walking)

3.3 Begründung zum Mesozyklus

Der Mesozyklus erstreckt sich über sechs Wochen, wobei die ersten beiden Wochen als Einführungswochen der Kundin dienen sollen. Zu Beginn soll die Kundin in zwei Trainingseinheiten die Woche an die unterschiedlichen Trainingsgeräte herangeführt werden (Fahrrad, Laufband, Crosstrainer). Des Weiteren dient die Einführung zur Heranführung an das Ausdauertraining mit individuellen Trainingsherzfrequenzen. Im weiteren Verlauf wird die Trainingshäufigkeit der Kundin auf drei Trainingseinheiten die Woche erhöht, welches sich über vier Wochen erstreckt. Der wöchentliche Belastungsumfang der Kundin wird progressiv gesteigert. Die Belastungsdauer wird von 60 auf 90 Minuten in sechs Wochen des ersten Mesozyklus gesteigert. Durch eine Steigerung der Belastungsdauer wird die Fettsäureverbrennung anteilig erhöht, die periphere Durchblutung verbessert und das Herz-Kreislauf-System ökonomisiert (Gimbel, 2014). Der Schwerpunkt des Trainingsziels (Woche 1-6) besteht im Aufbau der Grundlagenausdauer (GA1). Aufgrund dessen wurde die extensive Dauermethode gewählt, welche eine Regenerationszeit von bis zu 24 Stunden benötigt, wodurch ein tägliches Training möglich ist. Zum Einen hat sie den Nutzen, die Grundlagenausdauer aufzubauen, zum anderen eine bessere Regeneration des Körpers zu fördern (Gimbel, 2014). Dieses bietet sich besonders gut für die Kundin an, da ihr Stresslevel von Stufe sieben auf eine geringere

9

Stufe reduziert werden soll. Nach Gimbel (2014) wird der Parasympathikus in dieser Trainingsmethode zunehmend beeinflusst, welcher sich positiv auf die Regeneration des Körpers sowie auf den Stress durch Alltagsbelastungen auswirkt. Durch den ausreichenden Wechsel zwischen Regeneration und Belastung führt dies zu einer Optimierung der persönlichen Anpassung der Kundin. Des Weiteren soll durch die Trainingsmethode die kardiovaskuläre Leistungsfähigkeit der Kundin gesteigert werden. Die extensive Dauermethode bietet sich vor allem für Einsteiger im Ausdauertraining sehr gut an, da ohne Pause mit einer niedrigen Belastung (60-75% Hf_{Max}) trainiert wird. Im Mesozyklus deckt die Kundin die gesamte Belastungsintensität der extensiven Dauermethode ab. Es erfolgt eine langsame Belastungsprogression von 60-65% Hf_{Max} bis hinzu 65-70% Hf_{Max}. Da die Kundin als Einsteigerin im Ausdauertraining eingestuft werden konnte wird auf weitere Trainingsmethoden wie beispielsweise die intensive Dauermethode zu Beginn des Makrozyklus verzichtet. Es führt zu einer langsamen Heranführung an höhere Intensitäten, wodurch eine Überbelastung ausgeschlossen werden kann. Durch das Training der allgemeinen aerob-dynamischen Ausdauer kann ein Fundament bezüglich der körperlichen Leistungsfähigkeit geschaffen werden. Ein weiterer Vorteil ist die Ausbildung einer Vagatonie, wodurch die Ruheherzfrequenz und der Blutdruck der Kundin angepasst werden können (Zintl, 2009). Für die Kundin wurden die Ausdauergeräte Fahrrad, Crosstrainer und Laufband (Walking) gewählt. Es wurden drei Bewegungsformen ausgewählt, da sie zur Abwechslung und Variation im Training dienen (DSSV, 2018). Um die Grundlagenausdauer (GA1) aufzubauen und gleichzeitig Gewicht zu reduzieren, sollte besonders darauf geachtet werden, dass genug Muskelmasse in der Bewegung eingesetzt wird. Beim Crosstrainer sowie Laufband sind viele Muskelgruppen beteiligt, wodurch der Gesamtenergieumsatz pro Trainingseinheit höher ausfällt. Um einen cardiopulmonalen Trainingseffekt zu bewirken wird durch Crosstrainer und Laufband Herzvolumenarbeit, andererseits durch das Fahrrad Herzdruckarbeit trainiert. Außerdem spielt die Belastung im Alltag eine große Rolle bei der Auswahl der Bewegungsformen. Die Kundin arbeitet als Bürokauffrau in einer ständig sitzenden Tätigkeit. Die Ausdauergeräte sollen einen Ausgleich zur beruflichen Tätigkeit schaffen, um eine aufrechte Körperhaltung zu trainieren. Da keine orthopädischen sowie internistischen Beschwerden der Kundin vorliegen gibt es keine gesundheitlichen Risiken bei der Auswahl der Ausdauergeräte für die Trainierende. Da die Kundin ihre Vorliebe im Anamnesegespräch gegenüber dem Fahrrad und Crosstrainer äußerte, wurde in der Planung auf diese Rücksicht genommen, um die Motivation und den Spaßfaktor hoch zu halten.

4   Effekte des Ausdauertrainings bei arterieller Hypertonie

Tab. 9: Studie 1, Effekte des Ausdauertrainings bei arterieller Hypertonie (modifiziert nach Ketelhut, 2004)

Durchführung der Studie	Priv.-Doz. Dr. med. habil. Dr. rer. nat. Reinhard G. Ketelhut
Publikation der Studie	21.04.2004
Versuchspersonen	1) 16 untrainierte Hypertoniker
	2) Männliche Hypertoniker
Versuchsaufbau	1) 60-minütige submaximale Ausdauerbelastung auf einem Fahrradergometer bei konstanter Herzfrequenz (130-140/min) + 10.Minute: Erholung
	2) Follow-Up 10 Jahre ohne Begleitmedikation
Ergebnisse **Schlussfolgerungen**	1) Erst initialer belastungsinduzierter Druckanstieg, danach Abfall des Blutdrucks (systolischer Druck fiel kontinuierlich um 29 mmHg ab, 15%/ diastolischer Druck fiel um 18 mmHg, 17%). Der Blutdruck unter Belastung (10.Minute) war im Vergleich zum Ruheblutdruck vor Belastung entscheidend niedriger. Eine Gefährdung bezüglich einer kardiovaskulären Überbelastung im Ausdauertraining ist deutlicher geringer als im Krafttraining. Des Weiteren kann der systolische und diastolische Wert des Blutdrucks deutlich gesenkt werden, daher ist für Hypotoniker ein aerobes Training zu empfehlen.
	2) Kontinuierliche Blutdrucksenkung: Ruheblutdruck (13/11 mmHg) und Belastungsblutdruck (22/20 mmHg) während Ergometrie (100Watt) vermindert. Leichte Gewichtszunahme, dadurch konnte ein Einfluss einer Gewichtsabnahme aufgrund von Aktivität oder Ernährung ausgeschlossen werden. Blutdrucksenkender Effekt durch ein ca. 6-monatiges regelmäßiges Training, 2-3 Einheiten die Woche. Optimale Trainingsintensität liegt bei 60-70% HF_{Max}, höhere Intensitäten bewirkten einen Anstieg des Blutdrucks. Ausdauertraining vergleichbar mit medikamentöser Therapie.

Tab. 10: Studie 2, Effekte des Ausdauertrainings bei arterieller Hypertonie (modifiziert nach Tsai et al., 2004).

Durchführung der Studie	Tsai et al.
Publikation der Studie	2004
Versuchspersonen	120 bewegungsarme Probanden (nicht adipös und im Alter von 20-60 Jahren) mit arterieller Hypertonie Grad 1 oder 2 ohne pharmakologische antihypertensive Behandlung. Sie wurden per Zufallsprinzip ausgewählt und in eine Kontroll- oder Trainingsgruppe eingeteilt. 18 Probanden schieden aus nicht gesundheitlichen Gründen aus der Studie aus, daher werden 102 Teilnehmer zur Auswertung miteinbezogen
Versuchsaufbau	Regelmäßig moderate Walking- oder Jogging-Belastung: dreimalige klinische RR-Messung sowie ambulante Kontrollmessung. Des Weiteren wurde ein Belastungstest auf einem Laufband mit RR-Kontrolle durchgeführt (EKG+HF). Die gesundheitsbezogene Lebensqualität wurde mit einem Fragebogen mit Skalierung abgefragt über beispielsweise der körperlichen Funktionsfähigkeit oder der mentalen Gesundheit etc. Ausdauertraining: Eingewöhnungsphase 2 Wochen, 10 Wochen Ausdauertraining aus 3 Einheiten pro Woche von jeweils 50 Minuten (60-70% HFMax). Kontrollgruppe führte kein Training durch.
Ergebnisse Schlussfolgerungen	Signifikante Senkung des mittleren Blutdrucks um 9 mmHg (6,6%) im Gegensatz zur Kontrollgruppe. Anstieg der Belastbarkeit in der Trainingsgruppe sowie Verbesserung der Punktezahlen in den Fragebögen. In der Kontrollgruppe zeigten sich keine signifikanten Veränderungen. Durch das regelmäßige Training konnten deutliche Verbesserungen der kardiovaskulären Leistungsfähigkeit und des Blutdrucks sowie der gesundheitlichen Lebensqualität festgestellt werden.

5 Literaturverzeichnis

DSSV (2018). *Arbeitgeberverband deutscher Fitness- und Gesundheits-Anlagen.* Zugriff am 02.12.2018; 19.30 Uhr

http://www.dssv.de/index.php?eID=dumpFile&t=f&f=3994&token=df3fdb7074b61d2b
e39b49864f37778dd5acf54f

Gimbel, B. (2014). *Körpermanagement. Handbuch für Trainer und Experten in der betrieblichen Gesundheitsförderung.* Springer, S.195.

Israel, S., Albers, T. (2011). *Studienbrief Medizinische Grundlagen.* Unveröffentlichte Studienmaterialien. 6. Auflage. Saarbrücken: Deutsche Hochschule für Prävention und Gesundheitsmanagement.

Ketelhut, R. (2004). *Körperliche Aktivität zur Behandlung des arteriellen Hochdrucks.* Deutsches Ärzteblatt, 101:A, 3426-3432 [Heft 50].

Mancia, G., Fagard, R., Narkiewicz, K., Redon, J., Zanchetti, A., Bohm. M. et al. (2013). *ESH/ESC Guidelines for the management of arterial hypertension: the Task Force for the management of arterial hypertension of the European Society of Hypertension (ESH) and of the European Society of Cardiology (ESC).* J Hypertension, 34(28): 2159-2219.

Tsai, J.-C, Yang, H.-Y., Wang, W.-H., Hsieh, M.-H., Chen P.-T., Kao, C.-C., Kao, P.-F., Wang, C.-H., Chan, P. (2004). *The beneficial effect of regular endurance exercise training on blood pressure and quality of life in patients with hypertension,* in: Clin Exp Hypertens 26, Supplement 3, S. 255-265.

WHO (2000). Obesity: *preventing and managing the global epidemoc.* WHO Technial Report Series 894, Genf.

Zintl, F.(1997): *Ausdauertraining - Grundlagen, Methoden, Trainingssteuerung.* 4. Auflage, Verlag BLV, München.

6   Tabellenverzeichnis